まちごとチャイナ

Tianjin 002 Tianjincity
天津市街
海河と立ちならぶ「欧風建築」

Asia City Guide Production

【白地図】天津市

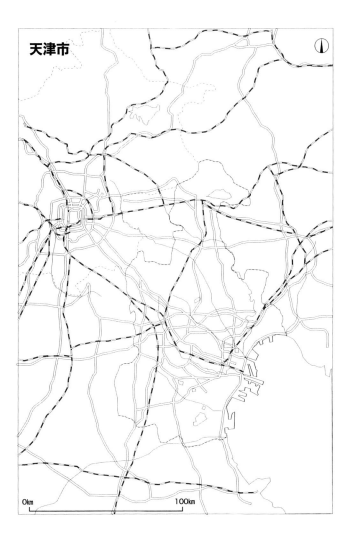

【白地図】天津

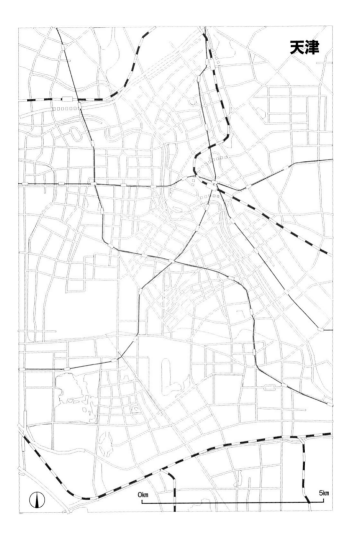

天津

Tianjincity　白地図

【白地図】天津市街中心部

CHINA
天津

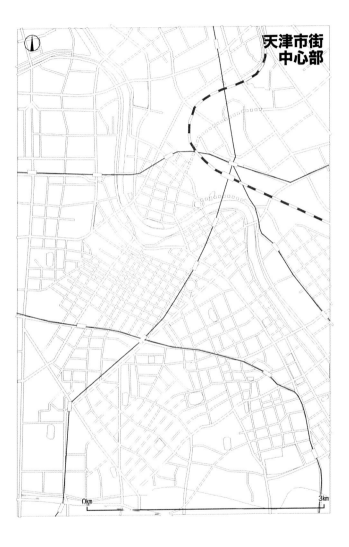

【白地図】天津駅

CHINA
天津

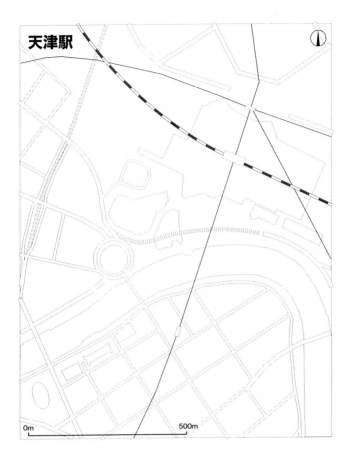

【白地図】解放北路

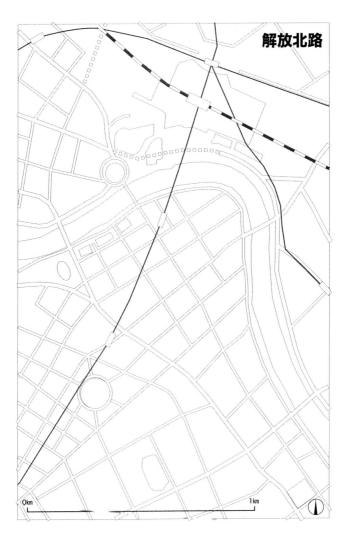

【白地図】鞍山道

CHINA
天津

鞍山道

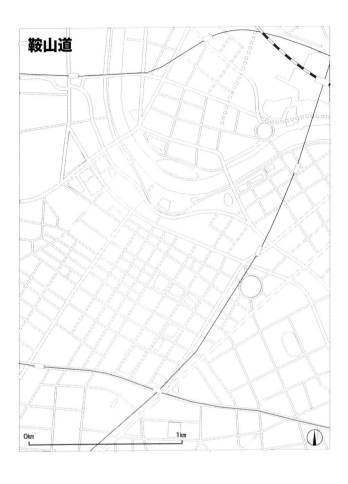

Tianjincity 白地図

【白地図】天津古城

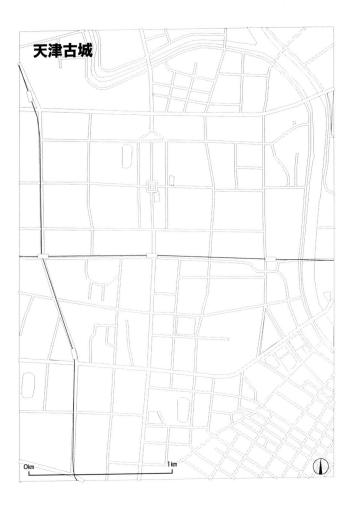

【白地図】古文化街

古文化街

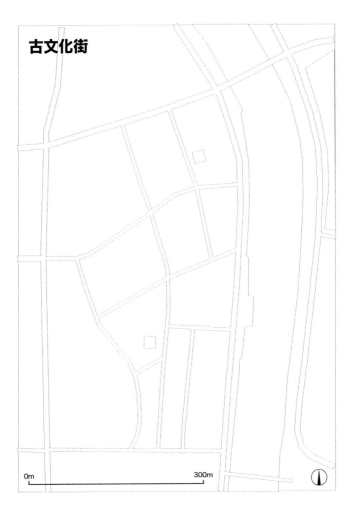

【白地図】海河東岸

CHINA
天津

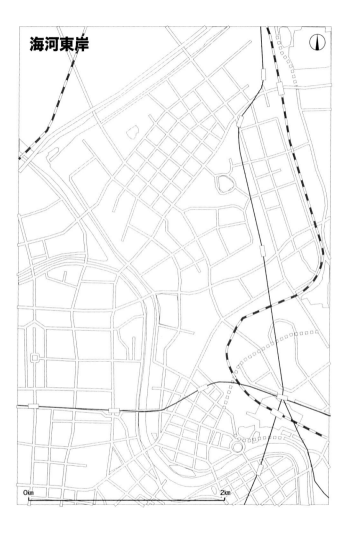

海河東岸

【白地図】五大道

【白地図】九河国際村

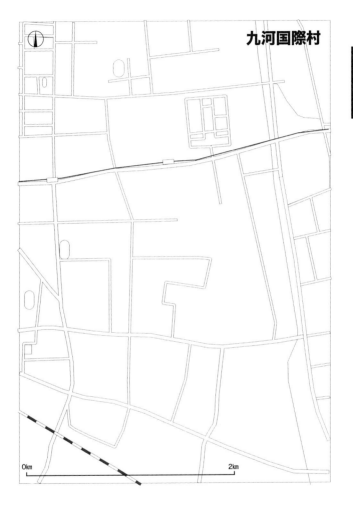

【まちごとチャイナ】
天津 001 はじめての天津
天津 002 天津市街
天津 003 浜海新区と市街南部
天津 004 薊県と清東陵

CHINA
天津

首都北京の門前にあたる港町の性格をもつ天津。その地理上の性格から、19世紀以降、中国進出をうかがう西欧列強の租界（領事館や商館のある半植民地）がおかれ、上海とともにいち早く西欧の文化が流入した。フランス、イギリス、イタリアなど異国情緒漂う欧風建築が今でも残り、この街は万国建築博覧会とたたえられている。

天津が歴史に現れるのは華北と江南を結ぶ運河が開削された隋代で、南運河と北運河、それに渤海湾へ続く海河が交わる要衝となった。また13世紀の元以後、北京に首都がおかれ

天津市街
Tianjin City 天津 tiān jīn ティエンジン

ると、その喉元にあたる天津では運河、海上交通による物流の輸送拠点としてにぎわいを見せるようになった。

1840年のアヘン戦争、1856年のアロー号事件を機に開港すると、清朝の直隷総督（北洋大臣）となった李鴻章や袁世凱が天津に拠点をおき、外交、軍事など近代中国の政治の舞台となった。こうしたなかでこの街の人口は20世紀から爆発的に増加し、中国を代表する都市へと成長した。現在では北京や上海、重慶とならぶ四大直轄市とされている。

【まちごとチャイナ】

天津 002 天津市街

目次

CHINA
天津

天津市街 ……………………………………………… xxiv

首都喉元にあたる直轄市 ……………………………… xxx

天津市街城市案内 ……………………………………… xli

天津旧城城市案内 …………………………………… lxvii

海河東岸城市案内 …………………………………… lxxxv

五大道城市案内 ……………………………………… xcix

天津から開かれた近代の道 ………………………… cxiii

【MEMO】

【地図】天津市

CHINA
天津

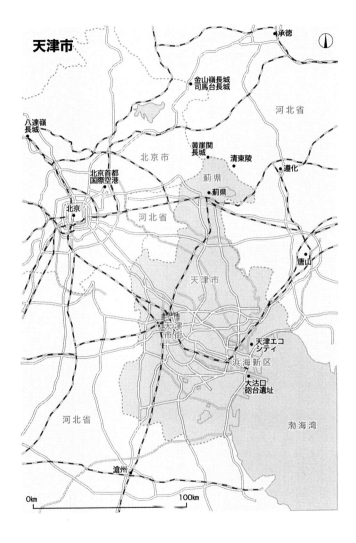

首都喉元
にあたる
直轄市

CHINA
天津

渤海湾から70km遡行した内陸に位置する天津
ちょうど海から見て北京の門前にあたり
南北を結ぶ運河、陸と海を結ぶ接点として発展してきた

陸と海へ続く要衝

北に燕山山脈（万里の長城）が広がり、海河を通って渤海湾、運河を通って江南、山海関から東北地方へ通じる天津は、海と陸、北方と南方を結ぶ要地だった。とくに13世紀、中国全域を領土とする元の都が北京におかれると、天津を経由して豊かな南方の物資が北京に運ばれた。元から明、清にいたる王朝の都はいずれも北京におかれ、それら王朝は豊かな江南に食糧や物資を依存したことから、天津は繁栄するようになった。清代になると西欧の使節は天津まで船で訪れ、そこから陸路で北京におもむくなど、西欧人にとって中国朝廷へ

▲左 天津旧市街のにぎわい。 ▲右 天津を育んできた海河の流れ、渤海湾へ注ぐ

の窓口の役割をもつようになった。

近代中国の焦点

かつて「海を制する者が世界を制する」と言われ、1860年以来、天津には海を越えて中国を訪れた西欧諸国の租界が構えられるようになった。こうした事情から西欧との外交にあたる直隷総督は天津に居を構え、1870年に李鴻章がこの任につくと西欧（近代）化が進められた。近代的な軍事機器をつくる天津機器局はじめ、鉄道、電信、水道、街灯などを整備する洋務運動の中心地となり、1904年には電車が開通し

【MEMO】

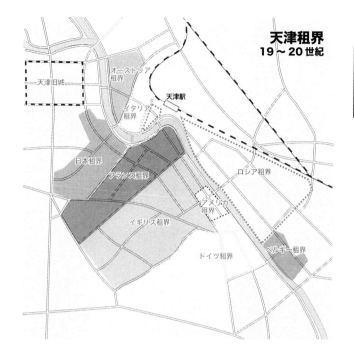

首都喉元にあたる直轄市

ている。また直隷総督は北洋大臣を兼ね、現在の山東省、遼寧省の外交、商業も管轄したことから、絶大な権力をもっていた。1902年、李鴻章死後、直隷総督を担ったのが袁世凱で、袁世凱の天津の邸宅は「第二中国政府」と呼ばれるほどだった（李鴻章の北洋軍が日清戦争を戦い、また袁世凱は日本の二十一箇条要求を受け入れている）。

CHINA
天津

天津市街の構成

天津の街は「三会海口(三岔河口)」と呼ばれる南北を結ぶ運河と海河が集まる場所からはじまった(現在でもその近くには航海を守護する天后がまつられている)。明代、その南西に県城がつくられ、周囲は城壁でめぐらされていた。もともと天津の地は海河や黄河の運ぶ黄土や粘土質の堆積で形成されたという面があり、地形は低く、水の溜まった湿地帯が続いていた。海河が氾濫すると土地は水浸しになったが、その名残りは市街南部の水上公園などで見られる。19世紀、西欧列強は当時、湿地帯が広がっていた県城南東の紫竹林と

▲左　フランス租界にて、各国ごとに特徴が見られる。　▲右　ヴィクトリア様式で建てられたイギリス租界の建物

呼ばれた地に租界を構えた。天津県城が碁盤の目を描き、城壁をもったのに対して、湾曲する海河のほとりに整備された租界では各国がそれぞれの方針をもとに街づくりを進めたため、天津の街では北京や西安といった伝統的な中国の街とは異なる構成が見られる。

Tianjincity

首都喉元にあたる直轄市

【地図】天津

【地図】天津の [★★☆]
- ☐ 海河 海河 ハイハァ
- ☐ 天津旧城 天津旧城 ティエンジンジウチャン
- ☐ 五大道 五大道 ウゥダァダオ

【地図】天津の [★☆☆]
- ☐ 天津駅 天津站 ティエンジンチャン
- ☐ 和平路 和平路 ハァピンルゥ
- ☐ 呂祖堂 呂祖堂 リュウズゥタン
- ☐ 三岔河口 三岔河口 サンチャアハァコウ
- ☐ 覚悟社 覚悟社 ジュエウゥシャア
- ☐ 天津市歴史博物館 天津市历史博物馆 ティエンジンシィリィシィボォウゥガン

天津 Tianjincity

首都喉元にあたる直轄市

【地図】天津市街中心部の [★★★]
- [ ] 解放橋 解放桥ジエファンチャオ
- [ ] 解放北路 解放北路ジエファンベイルゥ

【地図】天津市街中心部の [★★☆]
- [ ] 海河 海河ハイハァ
- [ ] 狗不理 狗不理ゴウブゥリイ
- [ ] 静園 静园ジンユゥエン
- [ ] 天津旧城 天津旧城ティエンジンジウチャン
- [ ] 天后宮 天后宫ティエンホウゴン
- [ ] 五大道 五大道ウゥダァダオ

【地図】天津市街中心部の [★☆☆]
- [ ] 天津駅 天津站ティエンジンチャン
- [ ] 浜江道 滨江道ビンジィアンダオ
- [ ] 和平路 和平路ハァピンルゥ
- [ ] 鼓楼 鼓楼グゥロウ
- [ ] 袁世凱旧居 袁世凯旧居ユァンシィカイジィウジュウ
- [ ] 近代天津と世界博物館 近代天津与世界博物馆 ジンダイティエンジンユゥシィジエボォウゥガン

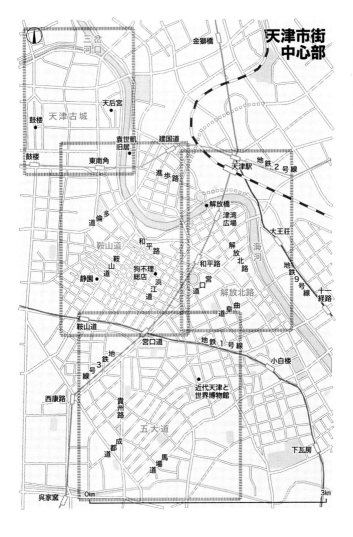

Guide,
Tian Jin Zhong Xin
天津市街
城市案内

天津中心部をつらくように流れる海河
そのほとりにフランスやイギリスの租界が構えられ
現在でも当時の街並みが残っている

天津駅 天津站 tiān jīn zhàn ティエンジンチャン ［★☆☆］
天津中心部に位置する天津駅は、1888年に開業した歴史をもつ。北京と天津を結ぶ京津都市間鉄道が走るほか、瀋陽、長春などの東北、保定などの河北省や天津北部の薊県などへの路線が続く。また天津駅から市街各地への地下鉄が伸び、浜海新区とは津浜軽軌（地鉄9号線）で結ばれている。

海河 海河 hǎi hé ハイハァ ［★★☆］
北運河（潮白河）、永定河、大清河、子牙河、南運河（衛河）という華北を流れる五大河川は天津で集まり海河となる。こ

【地図】天津駅

【地図】天津駅の［★★★］
- ☐ 解放橋 解放桥ジエファンチャオ
- ☐ 解放北路 解放北路ジエファンベイルゥ

【地図】天津駅の［★★☆］
- ☐ 海河 海河ハイハァ

【地図】天津駅の［★☆☆］
- ☐ 天津駅 天津站ティエンジンチャン
- ☐ 天津環球金融中心 天津环球金融中心 ティエンジンファンチュウジンロンチョンシン

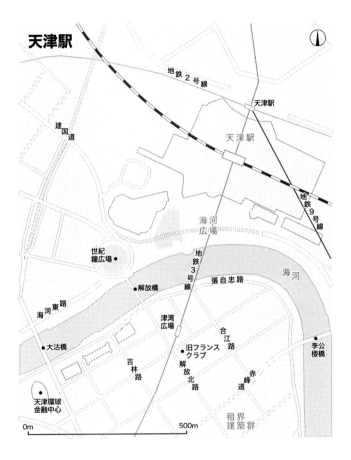

CHINA
天津

の海河は1090kmの全長をもつ中国有数の河として知られ、天津から渤海湾までの約70kmを大きく湾曲しながら流れていく。洪水などのたびに氾濫して市街を水浸しにしてきたという歴史があり、またこの街の緯度の高さから、冬の12月から2月ごろまでは水面が凍って釣りやスケートをする人々の姿が見られる。元代まで一漁村に過ぎなかった天津が発展したのは、運河が集まり、海河から渤海湾へ通じる地の利によるところが大きい。

▲左　北京と天津を結ぶ高速鉄道。　▲右　天津は北京、上海、重慶とならぶ直轄都市のひとつ、天津駅

港町天津

港町として知られる天津は海河を使った河港と、海港である天津新港（塘沽）というふたつの性格の異なる港を擁する。歴史的に海河を通じて海上交易が行なわれてきたが、燕山山脈、太行山脈や黄土高原からの土砂の堆積によって河床が浅くなり、1885年ごろから大型船は河港に入港できなくなった（20世紀になって清朝から中華民国へ時代が移り、都が南京へ遷ると浚渫もされなくなった）。そのため現在、浜海新区にあり、渤海湾にのぞむ天津新港がおもな港となっていて、解放橋近くの港は今では内港や老港と呼ばれている。

天津

解放橋 解放桥 jiě fàng qiáo ジエファンチャオ [★★★]

海河にかかる長さ 98m の解放橋は天津を象徴する建造物。この橋がはじめて架けられたのが 1903 年で、現在の橋梁は 1927 年に建造された。鉄骨がむき出しになっていて、当時は大型船舶が往来するたびに開閉する跳ね橋だった。フランス租界と天津駅一帯（当時のロシア租界）を結び、租界時代は万国橋と呼ばれていた。

租界とは

もともと清朝では鎖国政策がとられていたが、アヘン戦争後

▲左　海河の恵みで天津の街は育まれた。　▲右　1927年にかけられた当時の姿を伝える解放橋

の 1842 年に開港された上海に続いて、天津も 1860 年に開港された。天津が開港されると西欧列強は租界を築き、軍隊を駐屯させて事実上の植民地とした。1860 年のイギリス租界、1861 年のフランス租界、日清戦争後の下関条約でおかれた 1898 年の日本租界など、中国でも最大規模の 9 か国の租界が構えられた（イギリス、フランス、アメリカ、ドイツ、日本、ロシア、オーストリア、イタリア、ベルギー）。租界では道路や街灯が整備され、欧風建築がならぶなか路面電車が走るなど、他の中国の街に先駆けて近代化が進んだ。西欧の外交官や新聞記者、商人が行き交う天津の租界は、第二次大戦期

【地図】解放北路

【地図】解放北路の [★★★]
- [ ] 解放橋 解放桥 ジエファンチャオ
- [ ] 解放北路 解放北路 ジエファンベイルゥ

【地図】解放北路の [★★☆]
- [ ] 海河 海河 ハイハァ

【地図】解放北路の [★☆☆]
- [ ] 天津駅 天津站 ティエンジンチャン
- [ ] 天津芸術博物館 天津艺术博物馆 ティエンジンユンシュウボォウゥガン
- [ ] 浜江道 滨江道 ビンジィアンダオ
- [ ] 和平路 和平路 ハァピンルゥ
- [ ] 天津環球金融中心 天津环球金融中心 ティエンジンファンチュウジンロンチョンシン

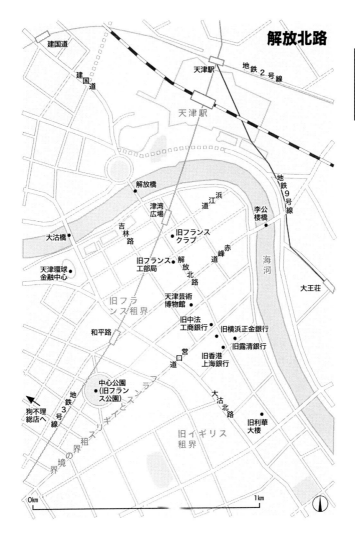

まで100年近く続き、各国の街区や建物の雰囲気も変わった。

解放北路 解放北路 jiě fàng běi lù ジエファンベイルゥ[★★★]
解放橋から南東に向かって伸びる解放北路。かつてのフランス租界とイギリス租界を走り、天津でもっとも租界時代の建築を残す街並みが続く（当時はセンター街を意味する中街と呼ばれていた）。天津の租界は1860年の北京条約を受けて、明代以来の県城の東部に定められ、渤海湾へ続く海河を通じて交易が行なわれた。租界には各国の行政機関や企業がならび、解放北路はその目抜き通りだったところで、常口道を境

▲左　中央が旧横浜正金銀行、ここに金融街があった。　▲右　欧風建築が続く解放北路

にイギリス租界（ヴィクトリア街）とフランス租界（フランス路）にわかれていた。

旧フランス租界

解放橋に隣接し、解放北路の北側に位置するフランス租界。租界の行政府の役割を果たしていたフランス工部局を中心に、1939年につくられたフレンチ・クラブなどがならんでいた。1922年に建てられたフランス公園（中心公園）から放射状に伸びる街並みはパリを彷彿とさせ、現在も天津の繁華街となっている和平路が西方の日本租界へと伸びていた。

天津芸術博物館 天津芸术博物馆
tiān jīn yún shù bó wù guǎn
ティエンジンユンシュウボォウゥガン [★☆☆]

書画や工芸品を収蔵する天津芸術博物館。漢代の硯や玉器、王羲之や蘇軾の書、陶磁器、また楊柳青の年画などが展示されている。1958年に開館した。

旧イギリス租界

フランス租界の南側に位置する旧イギリス租界。海河が港の役割を果たしていたことから、下流のほうがより船舶の航行

▲左　近代以来、上海ととともに港町として歩んできた。　▲右　租界時代の建物がならぶなか高層ビルが立つ

条件がよく、イギリスは解放北路から五大道まで広大な敷地を租界としていた。そのなかでヴィクトリア街と呼ばれた解放北路はとくに金融街の性格をもち、イギリス系の香港上海銀行、日系の横浜正金銀行などが店を構えていた（1930年代、このあたりは「華北のウォール街」と呼ばれていた）。外国為替を中心に国策会社として設立された横浜正金銀行は、1899年、日本租界ではなく金融の中心があったイギリス租界に支店を開設したという歴史がある。

浜江道 滨江道 bīn jiāng dào ビンジィアンダオ［★☆☆］

解放北路と交差し、海河から南京路へと続く浜江道。通りの両脇にはショッピング・モールや商店がならび、その南端には西開教堂が位置する。

和平路 和平路 hé píng lù ハァピンルゥ［★☆☆］

天津を代表する繁華街の和平路。天津勧業場、聖奥商廈、かりんとうの十八街麻花などの天津を代表する店がずらりとならぶ。清朝があった20世紀初頭に整備され、当時はフランス租界から日本租界を通り、天津旧城へと2kmに渡って続い

▲左　歩行者天国となっている浜江道。　▲右　一際目立つ天津環球金融中心

た。和平路に並行して走る遼寧路にも多くの露店が出ている。

天津環球金融中心 天津环球金融中心
tiān jīn huán qiú jīn róng zhōng xīn
ティエンジンファンチュウジンロンチョンシン［★☆☆］

海河のほとりに立つ高さ336.9m、地上75階建ての天津環球金融中心。「津塔」と呼ばれて天津のシンボルとなっていて、オフィス、ホテル、ショッピング・モールなどが入っている。

【地図】鞍山道

【地図】鞍山道の [★★★]
- ☐ 解放橋 解放桥ジエファンチャオ
- ☐ 解放北路 解放北路ジエファンベイルゥ

【地図】鞍山道の [★★☆]
- ☐ 狗不理 狗不理ゴウブゥリイ
- ☐ 静園 静园ジンユゥエン
- ☐ 老西開教堂 老西开教堂ラオシーカイジャオタン
- ☐ 天津旧城 天津旧城ティエンジンジウチャン
- ☐ 海河 海河ハイハァ

【地図】鞍山道の [★☆☆]
- ☐ 張園 张园チャァンユゥエン
- ☐ 袁世凱旧居 袁世凯旧居ユァンシィカイジィウジュウ
- ☐ 天津伊勢丹 天津伊势丹ティエンジンイィシィダン
- ☐ 天津駅 天津站ティエンジンチャン
- ☐ 浜江道 滨江道ビンジィアンダオ
- ☐ 和平路 和平路ハァピンルゥ
- ☐ 天津環球金融中心 天津环球金融中心ティエンジンファンチュウジンロンチョンシン

CHINA
天津

狗不理 狗不理 gǒu bù lǐ ゴウブゥリイ ［★★☆］

天津名物として知られる包子を出す老舗、狗不理。清光緒帝の時代の1858年、高貴友（幼名を狗子）が包子を出す店、徳聚号を開き、人気を博した。多くの人が徳聚号の包子を食べるために訪れたが、それゆえ店側は客への気配りができずに、狗不理（「犬も食わない」）と呼ばれ、その名前が定着したことが店名の由来となっている。

▲左　愛新覚羅溥儀が亡命生活を送った張園。　▲右　天津名物の狗不理

天津料理

天津では中国各地の料理を味わうことができ、狗不理はじめ全聚徳、登瀛楼などの老舗が店を構えている。天津では濃い味が好まれると言われ、包子、豚肉の味噌煮、白魚（川魚）の唐揚げ、かりんとうの十八街麻花や耳朵眼炸糕などが名物として知られる（狗不理、十八街麻花、耳朵眼炸糕が天津三絶）。天津飯や天津甘栗は天津港を通じて日本に入ってきたことから、その名前がつけられていて、天津飯は天津では知られていない。

CHINA
天津

張園 张园 zhāng yuán チャァンユゥエン ［★☆☆］
張園は清朝滅亡後にラスト・エンペラー愛新覚羅溥儀が1925〜29年のあいだ亡命生活を送った場所で、このあたりに日本租界がおかれていた。張園という名前は清朝の武昌駐屯第八鎮司令張彪が遊芸場として使っていたことに由来し、溥儀が暮らすようになってから「清室天津駐在事務所」という看板がかかげられていた（清朝滅亡の契機になった1911年の辛亥革命の口火を切る武昌蜂起のとき、武昌にいた張彪が天津に逃げたこともあり、家賃はとらず張園の庭を掃除したりしたという）。溥儀のまわりには文繡と婉容のふたりの

夫人、清朝の臣下がいたが、街に出るにも干渉されることがなかったことから、溥儀は自伝のなかで「この環境は北京の紫禁城よりもずっと快適な気がした」と述べている。

ラスト・エンペラーの天津時代

1911年の辛亥革命以後も、清室と中華民国のあいだで交わされた優待条件をもとに溥儀は年金を受けながら紫禁城の後宮に暮らすことが許されていた（とくに清朝の家臣から民国の大統領となった袁世凱の働きがあった）。1924年に馮玉祥のクーデターで紫禁城を追われることになると、溥儀は東交

CHINA
天津

民巷にある日本の公使館、続いて1925年から天津の日本租界へと亡命生活を送ることになった。この溥儀を天津で迎えたのが、天津駐在総領事の吉田茂（のちの総理大臣）で、溥儀は日本の私服警官の保護を受けながら、天津での7年間を過ごした（1931年、満洲国の建国とともにここを脱出した）。この天津時代、自動車や妻たちへのピアノや時計、洋服などを購入したため、家賃や俸給が払えなくなり、紫禁城からもち出した財産を売るなどして生計を立てるようになっていた。

▲左　静園ではラストエンペラーにまつわる展示が見られる。　▲右　こぢんまりとした洋館の静園、皇帝を退いた溥儀が暮らした

静園 静园 jìng yuán ジンユゥエン［★★☆］

静園は張園から移った溥儀とその家族、清朝の家臣が1929～31年に暮らした邸宅跡。1921年に建てられたこの建物は乾園と呼ばれたが、「（皇帝に戻るため）変化を静観し、静かに時期を待つ」という意味をこめて静園と名づけられた。2階建ての洋館が立つ敷地内には、溥儀が散歩するための小路や回廊が整備され、石や泉が配置されていた。1931年11月10日、土肥原賢二の導きで溥儀は静園の裏門から抜け出し、海河をくだって東北に渡り、満洲国の執政、皇帝についた（満洲国に着いた溥儀は、日本人が天津にいたときほど自分に敬

意を払っていないと感じたという)。静園は長いあいだ荒れ果てていたが、2005年に修復されたのち博物館として開放された。

日本租界

日本が天津に租界を獲得したのは日清戦争後の1895年に下関条約が結ばれたあとのことで、そこには先に租界をもっていたイギリスやフランスにくらべて土地の環境がよくない沼地や湿地帯が広がっていた(義和団事件が八カ国連合軍に鎮圧されたのち、1901年には1400名の日本軍が天津に駐屯す

るようになっていた)。フランス租界から天津県城へ続く旭街（和平路）とそれに交差する喜島街（鞍山道）が日本租界の軸となっていて、宮島路と呼ばれた通りには瓦屋根を載せた武徳殿が残っている。原敬や吉田茂などが天津の総領事をつとめ、治外法権となっていた日本の租界に、紫禁城を追われた愛新覚羅溥儀や中原大戦で敗れた閻錫山などが逃れてきていた。

Guide, Tian Jin Jiu Cheng
天津旧城城市案内

15世紀の明代から続く天津旧城
伝統的に天津の街がおかれてきたところで
現在でも鼓楼を中心に古い建物が見られる

天津旧城 天津旧城
tiān jīn jiù chéng ティエンジンジウチャン ［★★☆］

明代の1404年、海河のほとりに造営された天津旧城。衛所などの役所や文廟がおかれ、その南側に会館や住居がならぶ伝統的な中国の都市構造をもっていた。この天津旧城は明清時代を通じて、塩業や河川交通による中継地として栄え、現在の北馬路、南馬路など4つの馬路上に城壁が続いていた。1900年に義和団事件が起こると、この天津旧城も八カ国連合軍によって占拠され、1901年には県城の城壁がとり壊された（その後、列強はこの旧城の南東に租界を築いた）。

【地図】天津古城

【地図】天津古城の [★★★]
- [ ] 古文化街 古文化街グゥウェンファジエ

【地図】天津古城の [★★☆]
- [ ] 天津旧城 天津旧城ティエンジンジウチャン
- [ ] 天后宮 天后宮ティエンホウゴン
- [ ] 望海楼教堂 望海楼教堂ワンハイロゥジャオタン
- [ ] 海河 海河ハイハァ
- [ ] 静園 静园ジンユゥエン

【地図】天津古城の [★☆☆]
- [ ] 鼓楼 鼓楼グゥロウ
- [ ] 天津戯劇博物館（旧広東会館）天津戏剧博物馆ティエンジンシイジュウボォウガン
- [ ] 天津老城博物館 天津老城博物馆ティエンジンラオチャンボォウガン
- [ ] 文廟 文庙ウェンミャオ
- [ ] 玉皇閣 玉皇阁ユゥファンガァ
- [ ] 清真大寺 清真大寺チンチェンダァスー
- [ ] 南市 南市ナンシイ
- [ ] 和平路 和平路ハァピンルゥ

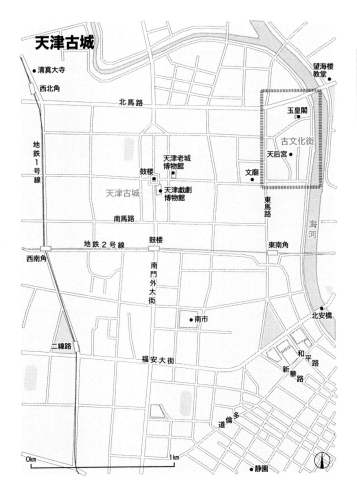

【地図】古文化街

【地図】古文化街の [★★★]
- [ ] 古文化街 古文化街 グゥウェンファジエ

【地図】古文化街の [★★☆]
- [ ] 天后宮 天后宮 ティエンホウゴン
- [ ] 海河 海河 ハイハァ
- [ ] 望海楼教堂 望海楼教堂 ワンハイロゥジャオタン

【地図】古文化街の [★☆☆]
- [ ] 玉皇閣 玉皇阁 ユゥファンガァ

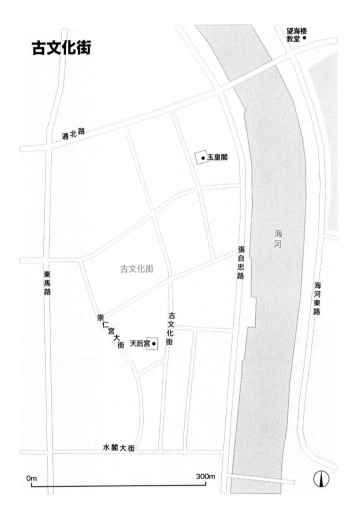

鼓楼 鼓楼 gǔ lóu グゥロウ [★☆☆]

天津旧城の中心に残る鼓楼。二層からなる楼閣で、街に時間を知らせる役割を果たしていた。明の嘉靖帝時代の1549年に創建され、その後、清代に改修されるなどして今にいたる。

**天津戲劇博物館（旧広東会館）天津戏剧博物馆
tiān jīn xì jù bó wù guǎn
ティエンジンシイジュウボォウゥガン [★☆☆]**

鼓楼近くに立つ天津戲劇博物館は、かつて広東会館がおかれていたところで、清光緒帝の時代（1907年）に建てられた

▲左　鼓楼のすぐ近くにある天津戯劇博物館。　▲右　天津旧城の中心に立つ鼓楼

歴史をもつ。香港の影響を受けた広東省ではいち早く西欧の思想が育まれ、梁啓超や康有為などのちに天津を舞台に活躍する思想家を生んだ。広東会館にはこうした広東省出身の思想家、革命家、商人などが集まり、情報交換ができる宿泊施設で、天津でも最大規模の会館だった（広東省出身で中国革命の父として知られる孫文もこの会館で演説を行なっている）。この会館で梅蘭芳による京劇をはじめ戯曲が演じられたことなどから天津戯劇博物館として開館し、伝統的な四合院の様式にくわえて南方の建築様式が見られる。

▲左　お菓子がおいしいのも天津の特徴。　▲右　旧城の路上に展示されている彫刻

天津老城博物館 天津老城博物馆 tiān jīn lǎo chéng bó wù guǎn ティエンジンラオチャンボォウゥガン ［★☆☆］

鼓楼の東側に位置する天津老城博物館。四合院と呼ばれる中国の伝統的な建築様式の建物からは、古い時代の天津の面影を伺える。

文廟 文庙 wén miào ウェンミャオ ［★☆☆］

天津旧城の東門近くに位置する文廟。孔子がまつられた文廟は中国の伝統的な都市では必ずおかれたもので、天津旧城の文廟は 1436 年に創建された伝統をもつ。

【MEMO】

CHINA
天津

古文化街 古文化街
gǔ wén huà jiē グゥウェンファジエ ［★★★］

天津旧城の東側、海河に沿って600mほど続く古文化街。このあたりは天津でもっとも古くから街が形成された場所で、20世紀になってから明清時代の街並みが再現された（南運河と海河に面した天津旧城の北側と東側が繁華街となっていた）。天后宮の門前町として、通りの南北には牌楼が立ち、文房四宝や楊柳青の年画などの工芸品を店がならぶ。

▲左 天津の街は天后宮を中心に発展した。　▲右 古文化街の露店で売っていた甘物

天后宮 天后宮 tiān hòu gōng ティエンホウゴン ［★★☆］

海河の西岸に立つ天后宮。天津でもっとも長い伝統をもつ建物で、「海の守り神」である天后（媽祖）がまつられている（娘娘宮とも言われる）。海上交易が盛んになった元代の1326年に建てられ、このあたりには船大工が集まり、船乗りたちの信仰を集めていた。以後、明清時代を通じて改修され、現在にいたる。

CHINA
天津

天后とは

現在、中国沿岸部を中心に「海の守り神」としてまつられている媽祖は、北宋時代、福建省莆田に実在した巫女だったという。媽祖はその死後、海難事故を救う霊験を発揮したことから信仰が広まり、宋、元と海上交易の活発化とともに、船乗りたちの守護神という性格を強めていった（元代、南方の物資が海上ルートで天津に陸揚げされ、そこから北京へ運ばれた）。また華僑となって海を渡る人々が増えたこともあり、清代になると「天（皇帝）の后」を意味する天后と呼ばれるようになった。

玉皇閣 玉皇阁 **yù huáng gé ユゥファンガァ** [★☆☆]

海河に面した天津旧城の東北隅に立つ玉皇閣。明代の 1427 年に創建された歴史をもち、道教の神様、玉皇大帝がまつられている。中国では陽数が重なる旧暦の 9 月 9 日に高いところにのぼる習慣があり、重陽節には玉皇閣にのぼる人々の姿が見られる。

▲左 イスラム教徒の回族が礼拝に訪れる清真大寺。 ▲右 明清時代の街並みを彷彿とさせる通り

清真大寺 清真大寺
qīng zhēn dà sì チンチェンダァスー [★☆☆]

天津旧城の北西隅に位置する清真大寺。天津に現存するもっとも大きなイスラム寺院で、清代の1703年に創建された。世界各地のモスクで見られるミナレットなどが中国の建築様式をもちいて建てられている。天津のイスラム教は、元代の1309年にイスラム教徒の軍人が住み着いて以来の伝統があり、旧城界隈では白の帽子をかぶった回族の姿も見られる(異教徒は原則、寺院内には入れない)。

【MEMO】

天津

呂祖堂 呂祖堂 lǚ zǔ táng リュウズゥタン ［★☆☆］

呂祖堂は呂洞賓をまつった道教寺院で、清代の1719年に創建された（道教には大きく伝統的な道教の流れをくむ正一教と、それを改革した全真教があり、呂洞賓は全真教の教祖）。1900年に西欧列強の侵略に対する義和団事件が起こったとき、義和団一派の拠点がここにおかれたという歴史もある。

南市 南市 nán shì ナンシイ ［★☆☆］

天津料理はじめ、四川、広東、西欧料理など各地の料理店が見られる南市。清代、天津旧城の南に位置するこのあたりは

貨物の運搬を請け負う苦力の姿や、路上で劇を演じる芸人など天津の歓楽街となっていた。

Guide,
Hai He Dong An
海河東岸
城市案内

天津の発展は河川が集まる三岔河口からはじまった
巨大な観覧車の天津之眼がその姿を見せ
美しい建物が続く旧イタリア租界が残る

三岔河口 三岔河口
sān chà hé kǒu サンチャアハァコウ[★☆☆]

南北運河と海河が集まる三岔河口は天津発祥の地で、天津の街は中国南方の物資を運河と海上ルートで運ぶことで形成された(現在の金鋼橋あたり)。隋代、大運河が造営されると南の運河と北の運河が交わる場所が「三会海口(三岔口)」と呼ばれ、明代に造営された天津県城はこの三岔口から南西に位置した。

【地図】海河東岸

【地図】海河東岸の [★★★]
- [ ] 古文化街 古文化街 グゥウェンファジエ

【地図】海河東岸の [★★☆]
- [ ] 天津之眼 天津之眼 ティエンジンチィヤン
- [ ] 望海楼教堂 望海楼教堂 ワンハイロゥジャオタン
- [ ] 天津旧城 天津旧城 ティエンジンジウチャン
- [ ] 海河 海河 ハイハァ

【地図】海河東岸の [★☆☆]
- [ ] 三岔河口 三岔河口 サンチャアハァコウ
- [ ] 大悲院 大悲院 ダァベイユェン
- [ ] 覚悟社 觉悟社 ジュエウゥシャア
- [ ] 梁啓超記念館 梁启超纪念馆 リァンチィチャオジィニェンガン
- [ ] 三条石 三条石 サンティァオシィ
- [ ] 鼓楼 鼓楼 グゥロウ
- [ ] 天津駅 天津站 ティエンジンチャン

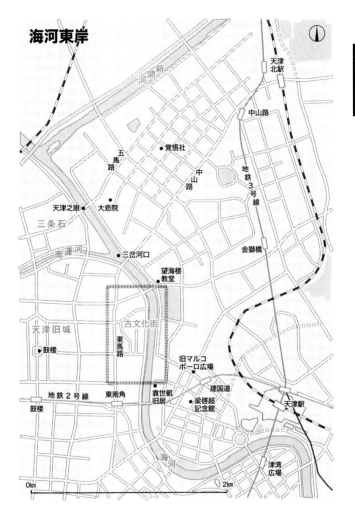

CHINA
天津

天津之眼 天津之眼
tiān jīn zhī yǎn ティエンジンチィヤン [★★☆]

天津之眼は永楽橋にかかる巨大な観覧車で、天津の新たな顔となっている。直径110mにもなる大きさから摩天楼をもじった摩天輪の愛称をもち、夜にはライトアップされる。

大悲院 大悲院 **dà bēi yuàn ダァベイユェン** [★☆☆]

大悲院は三岔河の北岸に位置する仏教寺院で、清の康熙帝の時代（17世紀）に創建された。朱色の本体に緑の瑠璃瓦を載せる伽藍が続く。

▲左　巨大な観覧車、天津之眼。　▲右　若き日の周恩来の姿、周恩来鄧穎超記念館にて

覚悟社 觉悟社 jué wù shè ジュエウゥシャア ［★☆☆］

のちに中華人民共和国の総理となる周恩来は青年時代を天津で過ごした。日本留学後の1919年、五四運動の嵐がふきあれるなか覚悟社を結成し、学生運動を指揮して注目された。この覚悟社は天津学生連合会と女界愛国同志会のふたつの団体から男女10人ずつからメンバーが選定され、そのなかには周恩来の妻となる鄧穎超の姿もあった（当時の中国では、男女がともに行動することはめずらしく、男女が平等に扱われた）。覚悟という言葉は、「革心と革新の精神に基づき、自覚と自決を旨とする」といった意味で、当時の知識青年のあ

CHINA
天津

いだで使われていた。1920年、軍閥、資産階級、官僚などを批判した雑誌『覚悟』が発刊されると周恩来も注目を集めるようになった。こうした学生運動への弾圧が厳しくなると、覚悟社の会合は中国官憲の手のおよばないフランス租界でもたれたという。

望海楼教堂 望海楼教堂
wàng hǎi lóu jiào táng ワンハイロゥジャオタン [★★☆]
海河の東岸に石づくりの美しいたたずまいを見せる望海楼教堂。1869年にフランス天主教会によって設立されたキリスト

▲左　美しいたたずまいを見せる望海楼教堂。　▲右　天津を走る地下鉄の駅

教会で、反キリスト教の舞台となってこれまで破壊と再建を繰り返してきた。西欧列強による中国侵略が進むなか、1870年に起こった天津教案（教案はキリスト教にまつわる事件）では、天津の児童が殺されたことを機にこの教堂とフランス領事館が焼き打ちにあった（このとき中国人30人程度、修道女が10人程度、神父がふたり殺されている）。清朝の賠償金で教会は再建されたが、1900年の義和団事件で再び焼かれ、のちの1904年に再建されることになった。1976年の唐山大地震でも破壊をこうむっているが、現在でも望海楼教堂の建築様式は19世紀に建てられた当時のものだという。

CHINA
天津

イタリア租界

天津駅の西側にあったイタリア租界は、天津のなかでも五大道とならんで美しい景観をもつことで知られる。ダンテ広場やマルコ・ポーロ広場といったイタリア人の名前を冠した広場があり、赤レンガの建築が残っている。20世紀初頭、清朝の皇族や軍閥、また職を失った官僚などがこのあたりに家を構えていた。

▲左　赤屋根が見える、旧イタリア租界。　▲右　解放橋近くで時を刻む

袁世凱旧居 袁世凯旧居 yuán shì kǎi jiù jū
ユァンシィカイジィウジュウ ［★☆☆］

義和団事件以後の1901年から北洋大臣として絶大な力をふるった袁世凱の旧居。1884年に朝鮮で起こった甲申事変を鎮圧したことで名前をあげ、西太后の信任を得て、李鴻章のあとをつぎ直隷総督（北洋大臣）となった。1902年、軍の力を背景に天津の行政権をにぎり、海河以北の地を整備して鉄道や道路、公園などをもうけるなどまちづくりを進めた。外交、軍事、商業を兼ねる北洋大臣の袁世凱の邸宅は「第二中国政府」は呼ばれ、清朝が着手した西欧式軍隊の新式陸軍

の拠点もおかれていた(また清朝滅亡後も北洋軍閥の馮国璋などが天津に邸宅を構えていた)。袁世凱は西太后一派のクーデターを支持した戊戌の政変、義和団事件の鎮圧、辛亥革命後の北洋軍閥政権の樹立、二十一箇条要求の受託など中国近代史に深く関わることになった。

梁啓超記念館 梁启超纪念馆 liáng qǐ chāo jì niàn guǎn
リァンチィチャオジィニェンガン [★☆☆]

梁啓超は清末の康有為とともに変法を説き、西欧の学問を紹介した思想家。1873年、広東省に生まれ、1929年に北京で

海河東岸城市案内 Tianjincity

没するまで多くの著作を残し、天津で青年時代を過ごした周恩来にも影響をあたえている。皇帝による親政を目指したが西太后につぶされると（戊戌の政変）、日本に亡命し、辛亥革命後の1912年、中国に帰国した。帰国後、袁世凱のもとで司法総長になったが、1915年から政情が不安定な北京を離れて天津に拠点を構え、飲冰室と名づけた書斎で著述に専念した（また南開大学で講義にあたるなどした）。梁啓超の号は任公または飲冰室主人というもので、飲冰室は2002年に博物館として開館した。

CHINA
天津

三条石 三条石 sān tiáo shí サンティァオシィ ［★☆☆］

北運河の先の北側に広がる三条石地区。ここは海河や運河による交易で発展した商業地で、清代には貿易商などが邸宅を構えていた。また1860年から近代工業がはじまった場所で、20世紀に入ってからも工業地帯という性格が続いていた（天津には西欧の租界がおかれ、直隷総督が拠点を構えたことからいち早く近代化がはじまった）。このような天津の工業史を語る三条石歴史博物館が開館している。

【MEMO】

Guide, Wu Da Dao
五大道城市案内

5つの通りが走るイギリス租界の五大道
19世紀から20世紀初頭にかけての租界時代に
建てられた美しい欧風建築がならぶ

五大道 五大道 wǔ dà dào ウゥダァダオ ［★★☆］

海河の南岸に広がるイギリス租界のなかでも重慶道、常徳道、大理道、睦南道、馬場道の5つの通りが走る五大道一帯は天津でももっとも美しい欧風建築が残っている。1920〜30年ごろに建てられた2000棟もの洋館、庭園が残り、上海の租界建築が高層で商業施設が多いなか、天津の租界は一戸建ての洋館が多いのを特徴とする（「北京の四合院、天津の小洋楼」とたたえられるほどだった）。1.28平方キロに広がる五大道は風貌建築に指定され、馬場道がイギリス租界とその南のドイツ租界をわけた。

【地図】五大道

【地図】五大道の [★★★]
- 解放北路 解放北路ジエファンベイルゥ

【地図】五大道の [★★☆]
- 五大道 五大道ウゥダァダオ
- 老西開教堂 老西开教堂ラオシーカイジャオタン
- 狗不理 狗不理ゴブゥリイ
- 海河 海河ハイハァ

【地図】五大道の [★☆☆]
- 近代天津と世界博物館 近代天津与世界博物馆 ジンダイティエンジンユゥシィジエボォウゥガン
- 天津伊勢丹 天津伊势丹ティエンジンイィシィダン
- 和平路 和平路ハァピンルゥ
- 天津駅 天津站ティエンジンチャン

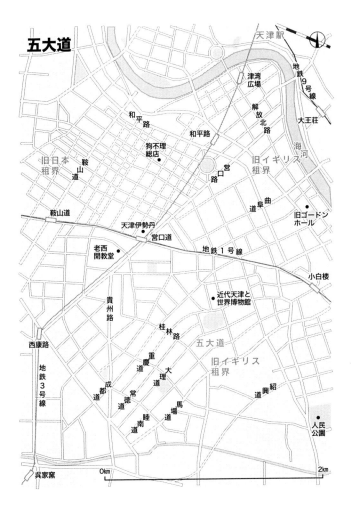

CHINA
天津

イギリスによる租界の設定

ふたつのアヘン戦争をへて、1860年に天津が開港されると、イギリスは天津県城の湿地帯に租界をおき、街づくりがはじまった。このイギリス租界は1889年に完成し、市民ホールと図書館を備えたゴードン・ホールを中心に金融街のヴィクトリア街、また高級クラブや競馬場が築かれた（太平天国の乱の鎮圧にも成果をあげたゴードン将軍はイギリス租界の範囲を確定した責任者で、ゴードン・ホールはのちに天津市人民政府に転用されている）。イギリスは大航海時代をへて、インド、シンガポールなどを植民地化し、1842年に香港を

▲左　租界時代を彷彿とさせる馬車が走る。　▲右　五大道にて、静かな住宅街が続く

割譲させるなど、世界各地で街づくりを進め、その手法が天津にももたらされることになった。

近代天津と世界博物館 近代天津与世界博物馆
jìn dài tiān jīn yǔ shì jiè bó wù guǎn
ジンダイティエンジンユゥシィジエボォウゥガン　[★☆☆]

あたりに洋館が立ちならぶ五大道の一角に残る近代天津と世界博物館。租界時代の洋館が転用され、当時の様子を伝える写真が展示がされている。中国の租界のなかでも最大の９つの国の租界がおかれた天津では、上海とならんでいち早く近

代化が進んだ街でもあった（李鴻章や袁世凱といった北洋大臣が拠点をおき、外交や貿易の舞台となった）。

老西開教堂 老西开教堂 lǎo xī kāi jiào táng
ラオシーカイジャオタン ［★★☆］

浜江道の南のつきあたりに位置し、フランスのロマネスク様式で建てられた高さ 45m の大聖堂をもつ老西開教堂。天津のキリスト教信者は、清朝末期の 1903 年には 3500 名程度だったが、1911 年には 3 万人を超すようになった。こうしたなかで 1914 年に西開に教区と聖堂、1917 年に大聖堂が創建さ

▲左　洗練された街並みのなかに残る老西開教堂。　▲右　租界時代の建物が利用された店

れ、周囲に病院や学校などを備えるキリスト教の布教拠点となった（西開とは1920年以後、開発された租界西側の教区を意味する）。この教会の建設とともにフランスは租界を海河のほとりからこの地まで拡張したことから、1915年、反キリスト教の老西開事件が起きるなどしたが、現在では「老西開」の愛称で親しまれている。

天津伊勢丹 天津伊勢丹
tiān jīn yī shì dān ティエンジンイィシィダン ［★☆☆］

南京道に店を構える日系デパートの天津伊勢丹。大津を代表

する百貨店で、品ぞろえの豊富さなど中国でも指折りの規模をもつ。1993年に開業し、2006年から現在の店舗で営業するようになった。

起士林 起士林 qǐ shì lín チィシィリン ［★☆☆］

起士林は1901年、ドイツ人のキースリンによって開かれた洋食店。ビヤホールが整備されるなど天津を代表する洋食の老舗として知られてきた。北京を追われたラストエンペラー愛新覚羅溥儀も天津滞在時に訪れたという。

▲左　天津中心部に立つ伊勢丹。　▲右　西欧風の建築が続く、天津の街並み

天津市歴史博物館 天津市历史博物馆
tiān jīn shì lì shǐ bó wù guǎn
ティエンジンシィリィシィボォウゥガン　[★☆☆]

海河の東岸に位置する天津市歴史博物館。天津地方古代史、天津近代史、天津現代史の展示からなり、古代史では天津北部の薊県から発見された石器や青銅器のほか、春秋戦国時代の燕や後漢の墓から出土した品々がならぶ。天津近代史では、西欧列強の侵略を受けたアロー号事件（塘沽の砲台から砲撃した）や義和団に関する展示が見られる。

CHINA
天津

九河国際村 九河国际村
jiǔ hé guó jì cūn ジィウハァグゥオジィチュン [★☆☆]
九河国際村は日本人向けに開発された複合住宅施設で、天津駅と天津国際空港を結ぶ翠阜新村に立地する。教育、医療、健康、セキュリティなど敷地内にはさまざまな設備が用意されている。

【MEMO】

【地図】九河国際村

【地図】九河国際村の ［★☆☆］
☐ 九河国際村 九河国际村 ジィウハァグゥオジィチュン

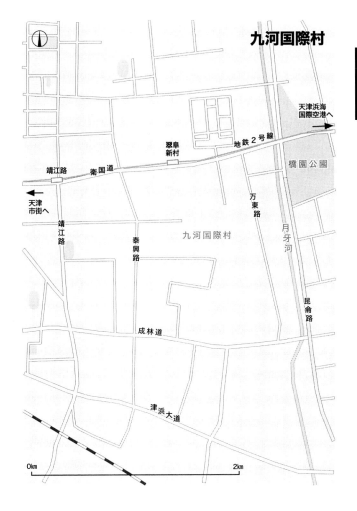

天津から開かれた近代の道

清朝の外交や軍事を担当した直隷総督
天津はその直隷総督が拠点にした場所で
近代中国の外交、軍事の舞台となった

直隷総督の坐する都市

北京をとり囲む直隷省(現在の河北省と天津にあたる中央直轄を意味する)を統括する直隷総督は、地方総督のなかでも筆頭の格式をもち、清朝末期、商業や外交、軍事といった役を担当した。直隷総督はやがて山東や遼寧といった渤海湾一帯の外交、軍事も兼務し、北洋大臣を呼ばれて絶大な権力をにぎった。1870年、李鴻章が直隷総督につくと、西欧文明をとり入れるため天津を重視し、冬に保定にいる以外は天津に居を構えていた。1879年、天津外港と天津市街のあいだに電報線がひかれるなど、この地で教育、軍、制度などの近

CHINA
天津

代化が進められた。1928年に広州にいた蒋介石が軍をひきいて北伐を完成すると、直隷省は河北省と改名された。

李鴻章と日清戦争

1851～64年に起こった太平天国の乱の鎮圧では、清朝のそれまでの八旗（軍）は役にたたず、西欧の軍隊や曽国藩の湘軍、李鴻章の淮軍が鎮圧にあたった。西欧の近代軍備の必要性を痛感した清朝は、天津に北洋武備学堂、天津機器製造局をおいて軍の近代化をはかり、北洋軍が整備された。こうしたなか1894年、清朝冊封国の朝鮮で農民反乱（甲午農民戦

▲左　天津は流行の発信地でもある。　▲右　軍事費の貸付も行なった銀行（旧香港上海銀行）

争）が起き、日本と清朝双方の軍が出動したことを契機に日清戦争がはじまった。李鴻章のひきいる北洋艦隊を構成したのが北洋武備学堂の卒業生で、天津機器製造局でつくられたモーゼル式小銃をもって清国兵は戦った。結果、黄海で日本海軍が北洋艦隊を破るなど、日本の勝利に終わり、1895年、下関条約が結ばれた（西太后の愛した頤和園の改修に、北洋艦隊の軍事費が横流しされたために充分な装備がそろわなかったとも言われている）。以来、日本は天津に租界を獲得し、両国の力関係がそれまでと変わることになった。

【MEMO】

CHINA
天津

外交官の行き交う街

アロー号事件など清朝と諸外国とのあいだで結ばれた天津条約には、1858年、1884年、1885年のものがある。1860年以後、西欧の租界がおかれ、直隷総督が拠点を構えると、天津は外交官の行き交う街になった(清朝側からすると皇帝のいる北京に外国勢力が入るのを嫌がり、ある時期、ポルトガル、デンマーク、オランダ、スペインなどの国の外交使節は天津で足踏みさせられていた)。1931年、満洲国建国のために、土肥原賢二が溥儀を連れ出したのも天津だったように、この街は近代中国の外交の舞台となった。

Tianjincity　天津から開かれた近代の道

華北へ続く商業都市

1860年の開港後、天津は首都北京、東北、内モンゴルの後背地をもち、渤海湾にのぞむ地の利をもつ天津はわずか50年で華北有数の商業都市へと成長した。20世紀初頭には洋行と呼ばれる外国の商社や銀行が支店を構える外国貿易の中心地となり、1930年には中国全土の貿易総額の4分の1をしめるほどだったという。こうした街の性格は21世紀以降も受け継がれ、現在では渤海湾、また華北経済の中核をになっている。

参考文献

『天津史 再生する都市のトポロジー』(天津地域史研究会編 / 東方書店)

『全調査東アジア近代の都市と建築』(筑摩書房編 / 大成建設)

『天津スタイル』(Whenever 天津 / 日本貿易振興機構北京センター)

『羽ばたき始めた直轄市 天津』(横堀克己 / 人民中国)

『李鴻章 東アジアの近代』(岡本隆司 / 岩波書店)

『周恩来伝 1898-1949』(金冲及主編 / 阿吽社)

『世界大百科事典』(平凡社)

[PDF] 天津地下鉄路線図 http://machigotopub.com/pdf/tianjinmetro.pdf

[PDF] 天津空港案内 http://machigotopub.com/pdf/tianjinairport.pdf

まちごとパブリッシングの旅行ガイド

Machigoto INDIA , Machigoto ASIA , Machigoto CHINA

【北インド - まちごとインド】

001 はじめての北インド
002 はじめてのデリー
003 オールド・デリー
004 ニュー・デリー
005 南デリー
012 アーグラ
013 ファテープル・シークリー
014 バラナシ
015 サールナート
022 カージュラホ
032 アムリトサル

【西インド - まちごとインド】

001 はじめてのラジャスタン
002 ジャイプル
003 ジョードプル
004 ジャイサルメール
005 ウダイプル
006 アジメール(プシュカル)
007 ビカネール
008 シェカワティ
011 はじめてのマハラシュトラ
012 ムンバイ
013 プネー
014 アウランガバード
015 エローラ
016 アジャンタ
021 はじめてのグジャラート
022 アーメダバード
023 ヴァドダラー(チャンパネール)
024 ブジ(カッチ地方)

【東インド - まちごとインド】

002 コルカタ
012 ブッダガヤ

【南インド - まちごとインド】

001 はじめてのタミルナードゥ
002 チェンナイ
003 カーンチプラム
004 マハーバリプラム
005 タンジャヴール
006 クンバコナムとカーヴェリー・デルタ
007 ティルチラパッリ
008 マドゥライ
009 ラーメシュワラム
010 カニャークマリ
021 はじめてのケーララ
022 ティルヴァナンタプラム
023 バックウォーター(コッラム〜アラップーザ)
024 コーチ(コーチン)
025 トリシュール

【ネパール - まちごとアジア】

001 はじめてのカトマンズ
002 カトマンズ
003 スワヤンブナート

004 パタン
005 バクタプル
006 ポカラ
007 ルンビニ
008 チトワン国立公園

【バングラデシュ - まちごとアジア】

001 はじめてのバングラデシュ
002 ダッカ
003 バゲルハット（クルナ）
004 シュンドルボン
005 プティア
006 モハスタン（ボグラ）
007 パハルプール

【パキスタン - まちごとアジア】

002 フンザ
003 ギルギット（KKH）
004 ラホール
005 ハラッパ
006 ムルタン

【イラン - まちごとアジア】

001 はじめてのイラン
002 テヘラン
003 イスファハン
004 シーラーズ
005 ペルセポリス
006 パサルガダエ（ナグシェ・ロスタム）
007 ヤズド
008 チョガ・ザンビル（アフヴァーズ）
009 タブリーズ
010 アルダビール

【北京 - まちごとチャイナ】

001 はじめての北京
002 故宮（天安門広場）
003 胡同と旧皇城
004 天壇と旧崇文区
005 瑠璃廠と旧宣武区
006 王府井と市街東部
007 北京動物園と市街西部
008 頤和園と西山
009 盧溝橋と周口店
010 万里の長城と明十三陵

【天津 - まちごとチャイナ】

001 はじめての天津
002 天津市街
003 浜海新区と市街南部
004 薊県と清東陵

【上海 - まちごとチャイナ】

001 はじめての上海
002 浦東新区
003 外灘と南京東路
004 淮海路と市街西部
005 虹口と市街北部
006 上海郊外（龍華・七宝・松江・嘉定）
007 水郷地帯（朱家角・周荘・同里・甪直）

【河北省 - まちごとチャイナ】

001 はじめての河北省
002 石家荘
003 秦皇島
004 承徳
005 張家口
006 保定
007 邯鄲

【江蘇省 - まちごとチャイナ】

001 はじめての江蘇省
002 はじめての蘇州
003 蘇州旧城
004 蘇州郊外と開発区
005 無錫
006 揚州
007 鎮江
008 はじめての南京
009 南京旧城
010 南京紫金山と下関
011 雨花台と南京郊外・開発区
012 徐州

【浙江省 - まちごとチャイナ】

001 はじめての浙江省
002 はじめての杭州
003 西湖と山林杭州
004 杭州旧城と開発区
005 紹興
006 はじめての寧波
007 寧波旧城
008 寧波郊外と開発区
009 普陀山
010 天台山
011 温州

【福建省 - まちごとチャイナ】

001 はじめての福建省
002 はじめての福州
003 福州旧城
004 福州郊外と開発区
005 武夷山
006 泉州
007 厦門
008 客家土楼

【広東省 - まちごとチャイナ】

001 はじめての広東省
002 はじめての広州
003 広州古城
004 天河と広州郊外
005 深圳(深セン)
006 東莞
007 開平(江門)
008 韶関
009 はじめての潮汕
010 潮州
011 汕頭

【遼寧省 - まちごとチャイナ】

001 はじめての遼寧省
002 はじめての大連
003 大連市街
004 旅順
005 金州新区

006 はじめての瀋陽
007 瀋陽故宮と旧市街
008 瀋陽駅と市街地
009 北陵と瀋陽郊外
010 撫順

【重慶 - まちごとチャイナ】

001 はじめての重慶
002 重慶市街
003 三峡下り（重慶〜宜昌）
004 大足

【香港 - まちごとチャイナ】

001 はじめての香港
002 中環と香港島北岸
003 上環と香港島南岸
004 尖沙咀と九龍市街
005 九龍城と九龍郊外
006 新界
007 ランタオ島と島嶼部

【マカオ - まちごとチャイナ】

001 はじめてのマカオ
002 セナド広場とマカオ中心部
003 媽閣廟とマカオ半島南部
004 東望洋山とマカオ半島北部
005 新口岸とタイパ・コロアン

【Juo-Mujin（電子書籍のみ）】

Juo-Mujin 香港縦横無尽
Juo-Mujin 北京縦横無尽
Juo-Mujin 上海縦横無尽

【自力旅游中国 Tabisuru CHINA】

001 バスに揺られて「自力で長城」
002 バスに揺られて「自力で石家荘」
003 バスに揺られて「自力で承徳」
004 船に揺られて「自力で普陀山」
005 バスに揺られて「自力で天台山」
006 バスに揺られて「自力で秦皇島」
007 バスに揺られて「自力で張家口」
008 バスに揺られて「自力で邯鄲」
009 バスに揺られて「自力で保定」
010 バスに揺られて「自力で清東陵」
011 バスに揺られて「自力で潮州」
012 バスに揺られて「自力で汕頭」
013 バスに揺られて「自力で温州」

【車輪はつばさ】
南インドのアイラヴァテシュワラ寺院には建築本体に車輪がついていて寺院に乗った神さまが人びとの想いを運ぶと言います。

・本書はオンデマンド印刷で作成されています。
・本書の内容に関するご意見、お問い合わせは、発行元の
　まちごとパブリッシング info@machigotopub.com までお願いします。

まちごとチャイナ
天津002天津市街
～海河と立ちならぶ「欧風建築」［モノクロノートブック版］

2017年11月14日　発行

著　者	「アジア城市（まち）案内」制作委員会
発行者	赤松　耕次
発行所	まちごとパブリッシング株式会社
	〒181-0013　東京都三鷹市下連雀4-4-36
	URL http://www.machigotopub.com/
発売元	株式会社デジタルパブリッシングサービス
	〒162-0812　東京都新宿区西五軒町11-13
	清水ビル3F
印刷・製本	株式会社デジタルパブリッシングサービス
	URL http://www.d-pub.co.jp/

MP098

ISBN978-4-86143-232-3 C0326　　　　Printed in Japan
本書の無断複製複写（コピー）は、著作権法上での例外を除き、禁じられています。